Índice

Ciudades ocultas

¿Puede una ciudad ser secreta? Así es, si está construida bajo tierra. Las ciudades subterráneas están ocultas por todo el mundo. ¡Vamos a explorarlas!

RÉSO

La ciudad de Montreal, en Canadá, tiene un secreto. ¡Está encima de una ciudad subterránea llamada RÉSO!

RÉSO
STYLEXCHANGE
8

Los inviernos en Canadá son fríos. Pero la gente no siente frío en RÉSO. Los lugares importantes de toda Montreal están conectados a través de la ciudad subterránea.

RÉSO

Nous avons une grande variété de sandwiches et des salades
We have lots and lots of sandwiches and healthy salads
Essayez notre fameux
Baguette au steak ou baguette au poulet
Try our famous steak baguette or chicken baguette
Jus frais pressé
Freshly squeezed
Salad Bar
Poutine
$4.65 +Tx
MENU
Dame Nature

Hay mucho que hacer en la ciudad subterránea. Puedes encontrar restaurantes, tiendas, cines, museos, **estaciones** de metro y mucho más.

estaciones: Lugares donde se venden pasajes de tren o autobús y donde los pasajeros pueden subir y bajar.

Petra

Petra, en Jordania, es una ciudad construida en las montañas. Las construcciones fueron talladas en la roca. Fue construida por el pueblo de los nabateos en el siglo IV.

Un mundo maravilloso

En 2007, Petra fue
nombrada como una
de las Siete Nuevas
Maravillas del Mundo.

Petra

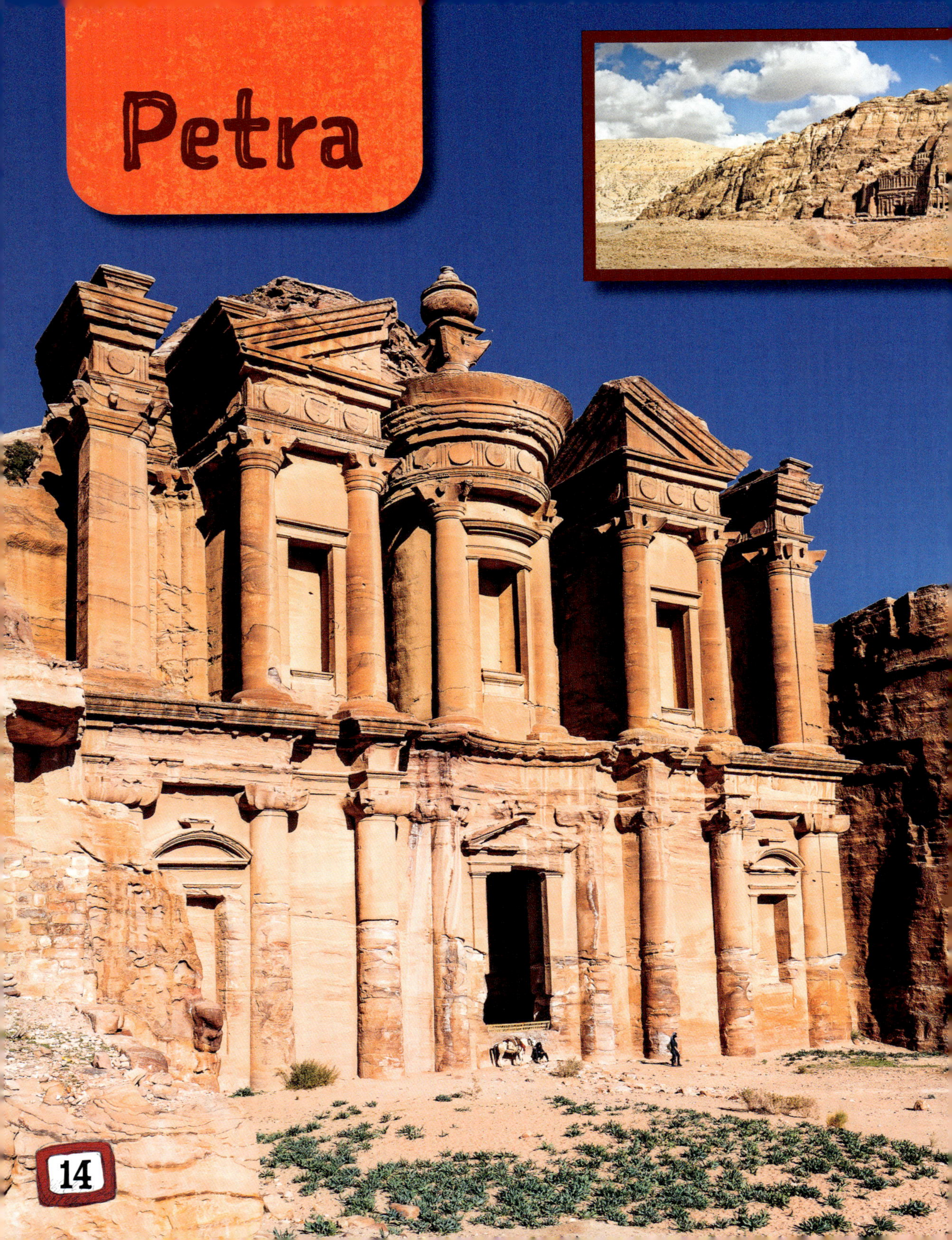

Era difícil **atacar** la ciudad de Petra. Cuando Petra se convirtió en un importante punto de comercio, el Imperio griego sintió envidia. Intentó apoderarse de Petra. Pero las montañas que rodeaban Petra eran una muralla natural. Los nabateos utilizaron las montañas para mantener alejados a los griegos.

atacar: Usar la violencia contra alguien o algo.

Petra

Muchas de las construcciones más grandes de Petra son **tumbas**. También había teatros, jardines, casas y un mercado.

tumbas: Cuartos o construcciones donde se entierran cadáveres.

satélites: Naves espaciales que se ponen en órbita alrededor de la Tierra.

La ciudad subterránea
de Pekín

Los **búnkeres** son construidos para mantener a las personas a salvo de la explosión de una bomba. Se construyen bajo tierra. Durante la Guerra Fría, la ciudad de Pekín, en China, construyó unos 10,000 búnkeres bajo la ciudad.

búnkeres: Refugios subterráneos, utilizados especialmente en tiempos de guerra.

La ciudad subterránea
de Pekín
20

En todo Pekín hay entradas a la ciudad subterránea. Los búnkeres están conectados por túneles. Incluso hubo planes para construir una pista de patinaje y un cine subterráneos. Por suerte, los búnkeres nunca fueron necesarios.

La ciudad subterránea
de Pekín

Hoy en día, algunas personas viven en estos búnkeres subterráneos. Los búnkeres son baratos en comparación con los apartamentos. Los residentes comparten cocinas y baños. Algunos búnkeres son más pequeños de lo que exige la ley para viviendas.

Kaymaklı, Derinkuyu y más allá

La región de Capadocia, en Turquía, está cubierta de roca volcánica. Esta roca es muy blanda. En el siglo IV, los habitantes de Capadocia excavaron ciudades subterráneas en la roca.

25

Kaymaklı, Derinkuyu y más allá

Imagen de Derinkuyu creada por un artista.

Las ciudades subterráneas de este lugar se llaman Kaymaklı y Derinkuyu. Tienen casas, iglesias, establos, túneles y zonas de almacenamiento. Los habitantes de Capadocia podían esconderse de los **invasores** en estas dos ciudades.

invasores: Personas que entran a un lugar en gran número para tomar el control.

Derinkuyu es la ciudad subterránea más grande que se haya conocido. Podía albergar a 20,000 personas. Sin embargo, en 2013, unos trabajadores de la construcción descubrieron accidentalmente una nueva ciudad subterránea. Estaban derribando casas antiguas cuando encontraron cuartos y túneles subterráneos. Los expertos creen que esta ciudad será incluso más grande que Derinkuyu.

Descubrimientos accidentales

No es la primera vez que se descubre una ciudad subterránea por accidente. En 1963, un hombre derribó una pared de su sótano y encontró un pasadizo. ¡Este lo llevó a la ciudad subterránea de Derinkuyu!

Juego de memoria

Mira las fotos. ¿Qué recuerdas haber leído en las páginas donde aparecía cada imagen?

Índice analítico

Preguntas después de la lectura

1. ¿Cuál es una de las razones para que se construya una ciudad bajo tierra?

2. ¿Qué encontrarías en las ciudades de Kaymaklı y Derinkuyu?

3. ¿Cuáles son algunas de las construcciones más grandes de Petra?

4. ¿Por qué era difícil atacar Petra?

5. ¿Para qué se utilizan los búnkeres?

Actividad

Imagina que estás planeando un viaje a una de las ciudades subterráneas. ¿Cuál es la que más te gustaría conocer? ¿Por qué? Escribe una lista de las cosas que quisieras hacer y ver cuando estés allí.

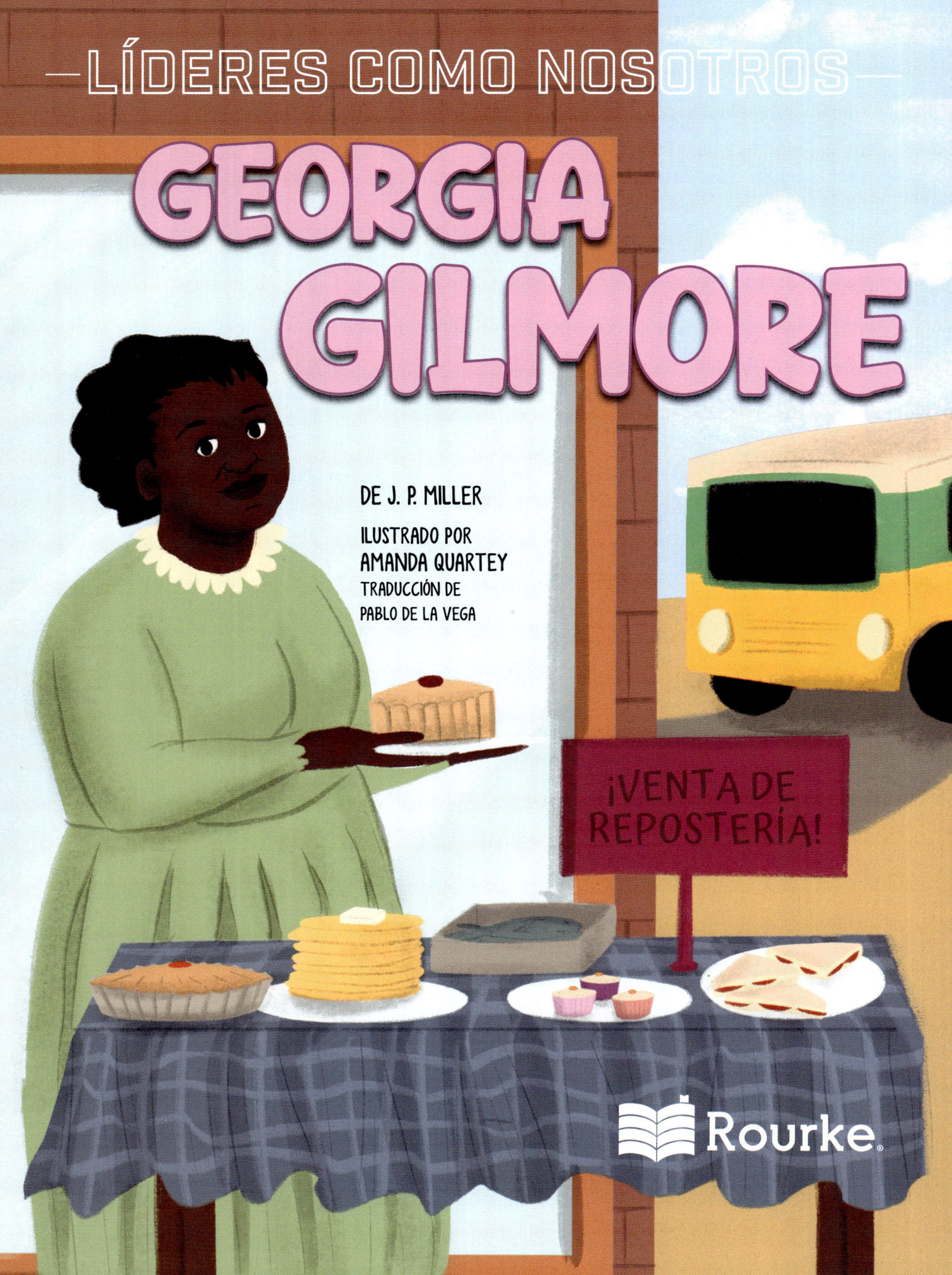

LÍDERES COMO NOSOTROS
GEORGIA GILMORE
DE J. P. MILLER
ILUSTRADO POR AMANDA QUARTEY
TRADUCCIÓN DE PABLO DE LA VEGA
¡VENTA DE REPOSTERÍA!
Rourke

ANTES Y DURANTE LAS ACTIVIDADES DE LECTURA

Antes de la lectura: *Desarrollo del conocimiento previo y del vocabulario*

Establecer el conocimiento previo puede ayudar a los niños a procesar nueva información y a ampliar la que ya conocen. Antes de leer un libro, es importante explorar lo que ya saben los niños acerca del tema. Esto los ayudará a desarrollar su vocabulario e incrementar su comprensión de la lectura.

Preguntas y actividades para establecer el conocimiento previo:

1. Ve la portada del libro y lee el título. ¿De qué crees que trata este libro?
2. ¿Qué sabes sobre este tema?
3. Hojea el libro y echa un vistazo a las páginas. Ve el índice, las fotografías, los pies de foto y las palabras en negritas. ¿Estas características del texto te dan información o ayudan a hacer predicciones acerca de lo que leerás en este libro?

Vocabulario: *El vocabulario es la clave para la comprensión de la lectura*

Use las siguientes instrucciones para iniciar una conversación acerca de cada palabra.

- Lee las palabras del vocabulario.
- ¿Qué te viene a la mente con cada palabra?
- ¿Qué crees que significan?

Palabras del vocabulario:
- *administrar*
- *boicot*
- *donaría*
- *ingresos*
- *monumento*
- *recaudación de fondos*
- *segregados*
- *voluntario*

Durante la lectura: *Leer para entender y conocer los significados*

Para lograr una comprensión profunda de un libro, se incentiva a los niños a que usen estrategias de lectura detallada. Durante la lectura, es importante hacer que los niños se detengan y establezcan conexiones. Esas conexiones darán como resultado un análisis y entendimiento más profundo de un libro.

 ### Lectura detallada de un texto

Durante la lectura, pida a los niños que se detengan y hablen acerca de lo siguiente:

- Partes que sean confusas.
- Palabras que no conozcan.
- Conexiones en relación al texto, a sí mismos y al mundo.
- La idea principal de cada capítulo o sección.

Invite a los niños a usar pistas del contexto para determinar el significado de las palabras que no conozcan. Estas estrategias los ayudarán a aprender a analizar el texto más minuciosamente mientras leen.

Cuando termine de leer este libro, vaya a la penúltima página para ver las **Preguntas relacionadas al texto** y una **Actividad de extensión.**

ÍNDICE

COMITÉ DE UNO

¿Alguna vez has querido ser **voluntario**? ¿A dónde irías a ayudar? ¿Qué habilidades tienes? A Georgia Gilmore le encantaba cocinar. Con sus habilidades en la cocina ayudó a financiar el **Boicot** a los Autobuses de Montgomery. Era una líder en la **recaudación de fondos**.

El aceite caliente chisporroteaba. Georgia puso la última pierna de pollo en la sartén caliente. Era una gran cocinera de comida soul. El pollo frito, los macarrones con queso, las tortas y las tartas eran sus mejores platillos.

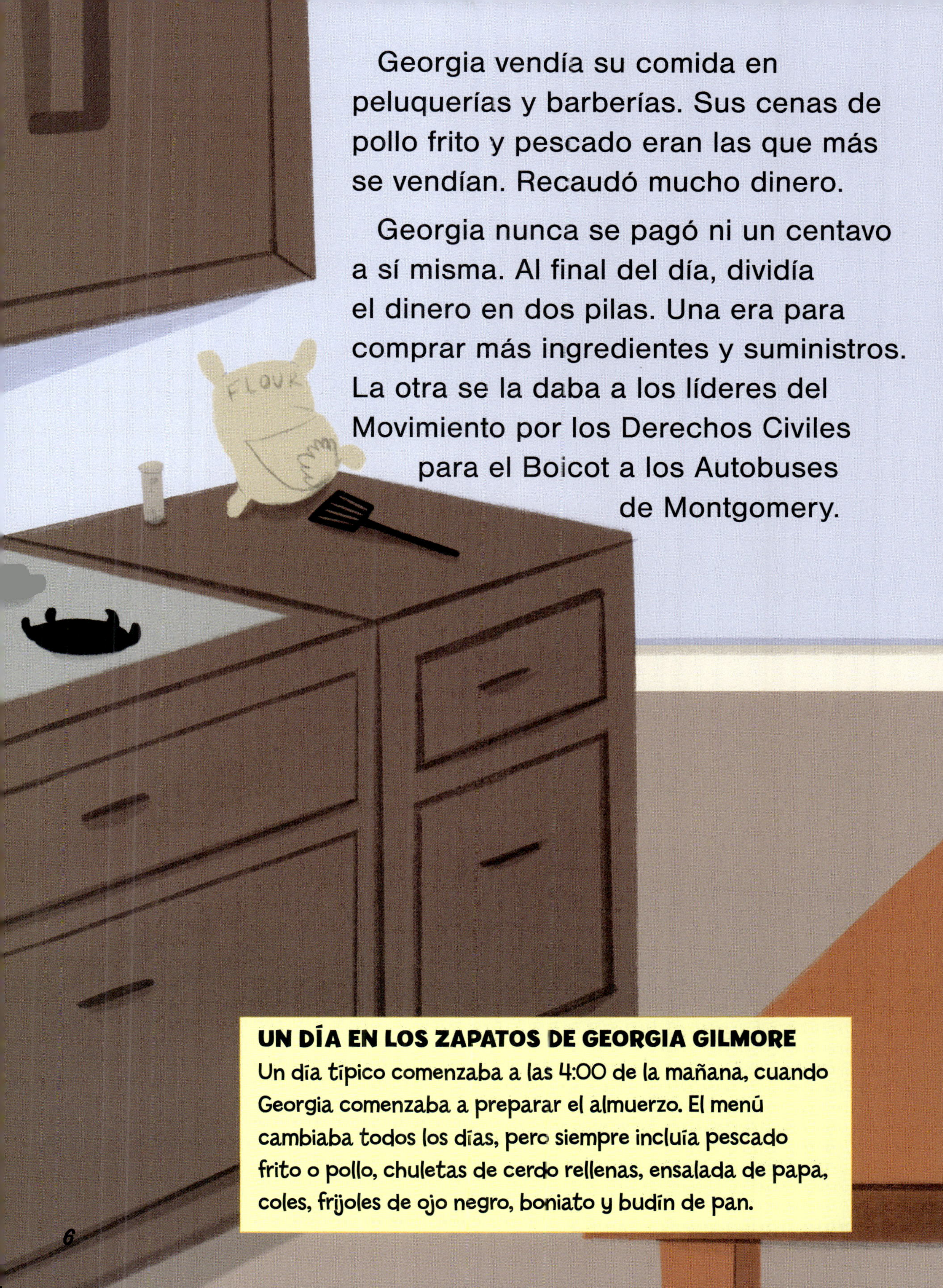

Georgia vendía su comida en peluquerías y barberías. Sus cenas de pollo frito y pescado eran las que más se vendían. Recaudó mucho dinero.

Georgia nunca se pagó ni un centavo a sí misma. Al final del día, dividía el dinero en dos pilas. Una era para comprar más ingredientes y suministros. La otra se la daba a los líderes del Movimiento por los Derechos Civiles para el Boicot a los Autobuses de Montgomery.

UN DÍA EN LOS ZAPATOS DE GEORGIA GILMORE

Un día típico comenzaba a las 4:00 de la mañana, cuando Georgia comenzaba a preparar el almuerzo. El menú cambiaba todos los días, pero siempre incluía pescado frito o pollo, chuletas de cerdo rellenas, ensalada de papa, coles, frijoles de ojo negro, boniato y budín de pan.

Cuando se le preguntaba de dónde venía el dinero, Georgia decía en tono de broma: «De ningún lado».

Ella era un comité de una sola persona. ¿Su club? El Club de Ningún Lado.

USA LO QUE TIENES

Había una multitud afuera de la Iglesia Bautista de la Calle Holt. Ya no cabía nadie. Los bancos estaban llenos e inclusive había gente parada junto a las paredes. El boicot de un día de duración contra los autobuses era un éxito. Todos estaban ahí para escuchar al Dr. Martin Luther King Jr. Tenía un nuevo plan de acción.

Georgia observó a su alrededor. Estaba contenta de haber salido de trabajar temprano. Le tocó un buen lugar. No tendría problemas para escuchar al Dr. King.

El Dr. King quería golpear a la ciudad donde más le doliera: en sus **ingresos**. Para lograr un cambio social, el boicot tenía que durar más. No quería detenerse sino hasta que los autobuses ya no estuvieran **segregados**. Les advirtió que se necesitaría de muchos voluntarios y dinero para que su plan funcionara.

Georgia estaba lista para ayudar como pudiera. Los ujieres pasaban la canasta de la colecta. La gente ponía dinero en ellas. Era un buen comienzo, pero no era suficiente. El Dr. King pidió a todos que usaran sus propias habilidades para ayudar. Necesitarían a conductores porque estarían boicoteando a los autobuses. Necesitarían de personas que cuidaran a los niños mientras los adultos protestaban. Y necesitarían más dinero. La comunidad respondió.

**Los conductores condujeron...
las niñeras cuidaron de los niños...
los cocineros cocinaron.**

Lo que sea que se necesitara... los miembros de la comunidad negra lo podían hacer.

A Georgia le gustaba lo que el Dr. King decía. Sabía exactamente lo que haría para ayudar. ¡Cocinar! Vendería su comida y **donaría** el dinero para el boicot.

MI CASA ES SU CASA

Georgia había sido maltratada
por un conductor blanco. Le
cobró el pasaje y se fue antes de
que ella pudiera subirse. Georgia
nunca se olvidó de esto, pero ese
enfrentamiento la impulsó a ayudar.
Aquel conductor se había metido
con la señora equivocada.

Al jefe de Georgia no le gustaba que ella se involucrara en el boicot. La despidió de su trabajo como chef. A ella no le importó. Le dio más tiempo para **administrar** el Club de Ningún Lado. Hizo crecer al club de uno a más de cuarenta miembros. Vendían comida por todos lados, en lugares como salones de belleza o iglesias. Georgia recogía el dinero recaudado y lo entregaba a la Iglesia Bautista de la Calle Holt. Sus donaciones fueron cruciales para mantener vivo el boicot, que duró 381 días.

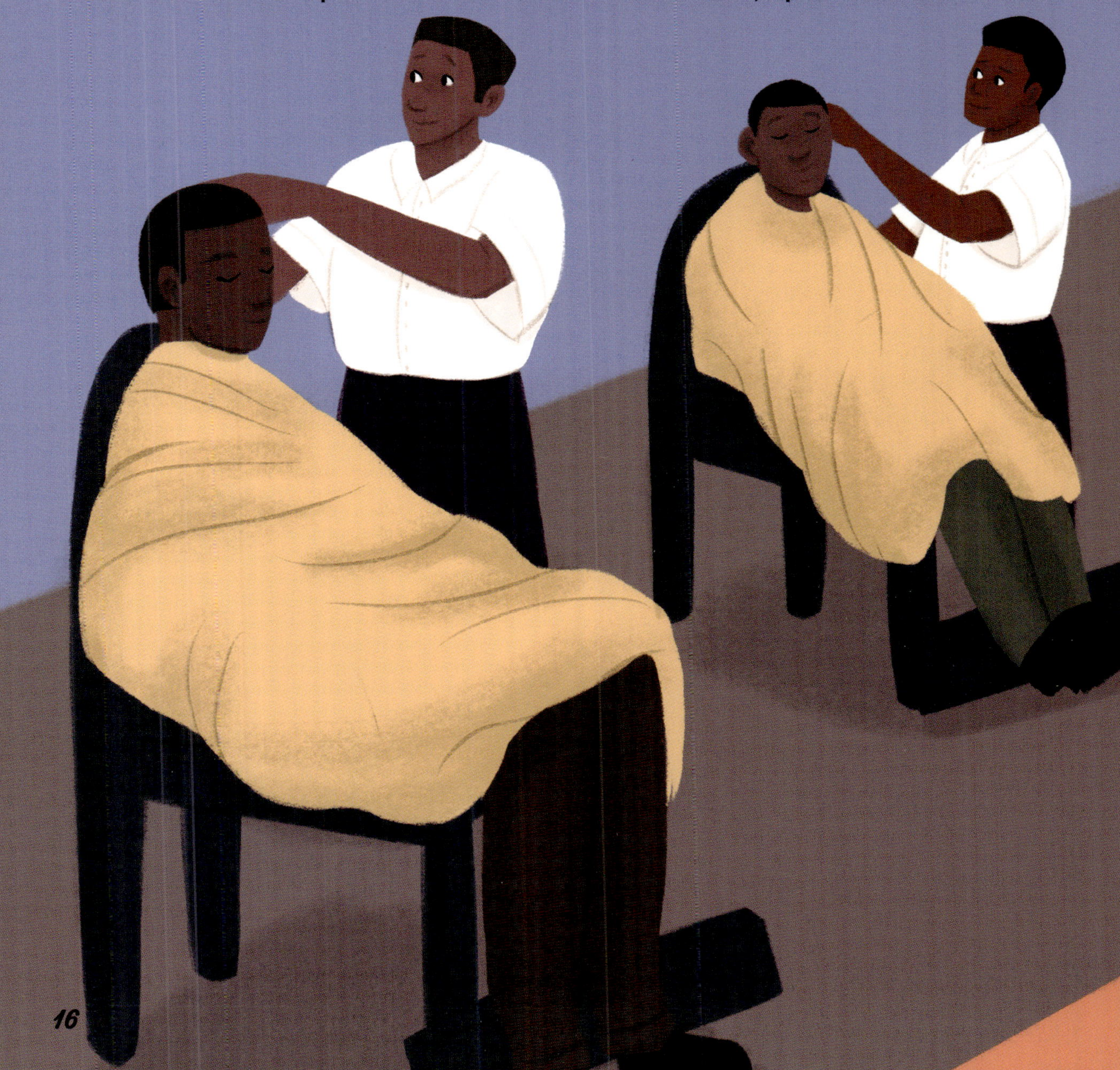

Al Dr. King le gustaba mucho la comida de Georgia. La animó a abrir su propio restaurante. Georgia pensó que era una gran idea. Convirtió su sala en un comedor. Su casa sería su restaurante. Era la casa de todos, y todos eran bienvenidos. El Dr. King y otros líderes del Movimiento por los Derechos Civiles iban allí a comer y a reunirse.

LA ENÉRGICA GEORGIA

Georgia Gilmore podía ser muy apasionada. El Dr. Martin
Luther King Jr. y ella se hicieron buenos amigos. Él la apodó
«Tiny» (pequeña). Georgia decía que el Dr. King la había
ayudado a aprender a controlar su temperamento.

Georgia Gilmore siguió activa en el Movimiento por los Derechos Civiles. Formó parte de una demanda colectiva para integrar los parques públicos en Montgomery. Georgia murió el 9 de marzo de 1990, cocinando para la gente que marcharía para celebrar el 25 aniversario de la marcha de Selma a Montgomery. En 1995, el estado de Alabama declaró a su casa como un **monumento** nacional.

LÍNEA DEL TIEMPO

1920   Georgia Miller nace el 5 de febrero en Montgomery, Alabama.

1955   Georgia experimenta un trato injusto por parte de un conductor blanco.

1955   Georgia asiste a la primera reunión masiva de la Asociación para la Mejora de Montgomery (MIA, por sus siglas en inglés) en la Iglesia Bautista de la Calle Holt el 5 de diciembre.

1955   Georgia es despedida de su trabajo como chef en la compañía National Lunch, por haber participado en el Movimiento por los Derechos Civiles.

1955–1956 Georgia organiza el Club de Ningún Lado para cocinar y vender comida, donando todas las ganancias a la MIA y así ayudar a financiar el Boicot a los Autobuses de Montgomery.

1957   Georgia convierte su casa en un restaurante y comienza un negocio de cáterin.

1958   Georgia se une a una demanda colectiva para eliminar la segregación en los parques públicos de Montgomery, Alabama.

1990   Georgia muere el 9 de marzo mientras preparaba comida para los marchantes que conmemorarían el 25 aniversario de la marcha de Selma a Montgomery.

1995   Alabama declara la casa de Georgia un monumento nacional.

GLOSARIO

administrar: Estar a cargo de un negocio o proceso.

boicot: Negarse a hacer negocios con alguien como castigo o protesta.

donaría: Que regalaría algo a la caridad o a una causa.

ingresos: El dinero que, en este caso, el gobierno obtiene de los impuestos y otras fuentes, como el transporte público.

monumento: Un edificio, escultura o lugar elegido y señalado como importante.

recaudación de fondos: Actividad para obtener dinero para una causa.

segregados: El acto de mantener a grupos separados y apartados.

voluntario: Una persona que se ofrece para hacer un trabajo sin recibir un pago.

ÍNDICE ANALÍTICO

PREGUNTAS RELACIONADAS AL TEXTO

1. ¿Qué fue el Boicot a los Autobuses de Montgomery?

2. ¿Cómo ayudó la comunidad a mantener vivo el Boicot a los Autobuses de Montgomery?

3. ¿Por qué Georgia Gilmore nombró a su club como «El Club de Ningún Lado»?

4. ¿En qué demanda colectiva participó Georgia Gilmore?

5. ¿Quién le sugirió a Georgia Gilmore que abriera un restaurante?

ACTIVIDAD DE EXTENSIÓN

Organiza una fiesta de donaciones. Contacta a una organización sin fines de lucro en tu área, puede ser un comedor comunitario, un refugio para personas sin hogar, un asilo, etc. Pide a tus invitados que lleven cosas para donar. Empaca las donaciones y entrégalas a la organización sin fines de lucro. ¡Ayudar a otros te hará sentir muy bien!

ACERCA DE LA AUTORA

J. P. Miller. Cuando era niña, a J. P. Miller le encantaba leer historias en las que pudiera sumergirse. Como escritora, disfruta de hacer lo mismo para sus lectores. Gracias al don de la narrativa, puede dar vida a personajes y sucesos poco o bien conocidos de la historia afroamericana para que los lectores jóvenes los conozcan. Espera que sus historias enriquezcan la experiencia en el salón de clases e inspiren a sus lectores. J. P. vive en el área metropolitana de Atlanta y es la autora de las series *Careers in the US Military* y *Black Stories Matter*. J. P. es ganadora del Premio Los Autores Negros Importan 2021, patrocinado por el Festival Nacional del Libro Negro.

ACERCA DE LA ILUSTRADORA

Amanda Quartey. Amanda vive en el Reino Unido y nació y creció en Londres. Siempre le ha encantado dibujar y lo ha estado haciendo desde que tiene memoria. A los 14 años, se mudó a Ghana y estudió Arte en la escuela. Luego regresó al Reino Unido para estudiar Diseño Gráfico. Su camino artístico se desvió un poco cuando decidió estudiar Estudios Clásicos en su universidad. Con el tiempo, en un esfuerzo por regresar a sus raíces artísticas, Amanda ha construido un portafolios como ilustradora profesional y ahora disfruta de cada aspecto de su carrera como ilustradora.

© 2025 Rourke Educational Media

www.rourkebooks.com

Quote source: Nadasen, Premillia, "Georgia Gilmore, Overlooked Activist of Montgomery Bus Boycott," Beacon Press, March 18, 2016: Georgia Gilmore, Overlooked Activist of the Montgomery Bus Boycott - Beacon Broadside: A Project of Beacon Press

Edición de: Hailey Scragg
Ilustraciones de: Amanda Quartey
Diseño de los interiores y la portada de: J.J. Giddings
Traducción al español: Pablo de la Vega
Edición en español: Base Tres

Library of Congress PCN Data

Georgia Gilmore / J. P. Miller
(Líderes como nosotros)
ISBN 978-1-73165-859-3 (hard cover)
ISBN 978-1-73165-858-6 (soft cover)
ISBN 978-1-73165-860-9 (e-Book)
ISBN 978-1-73165-861-6 (ePub)
Library of Congress Control Number: 2024946296

Rourke Educational Media
Printed in the United States of America
01-034211937

Sobre la autora

A Hailey Scragg le encanta visitar y conocer nuevas ciudades, ¡pero aún no ha estado en una ciudad subterránea! Ella disfruta explorando su ciudad de Columbus, Ohio, con su marido y su perro.

© 2025 Rourke Educational Media

www.rourkebooks.com

PHOTO CREDITS: Cover, page 1: ©Western Eyes Photography; pages 6-7: ©ventdusud; page 8, 9a, 9b: ©Design Pics / David Thompson/David Thompson/Newscom; page 10: ©Cindy Miller Hopkins / DanitaDelimont.com "Danita Delimont Photography"/ Newscom; page 10-11: ©Egmont Strigl imageBROKER/Newscom; page 11, 30: ©Design Pics / David Thompson/David Thompson/Newscom; page 12-13: ©vladj55; page 14, 30: ©sorincolac; page 15a: ©cinoby; page 15b: ©znm; page 16-17, 30: ©conceptualmotion; page 18-19: ©ynm_yn; page 20-21, 30: ©Cai Daizheng/UPPA/ZUMA Press/Newscom; page 22, 23: ©Sim Chi Yin/ Magnum Photos; page 24-25, 30: ©1001nights; page 26-27, 30: ©Dmytro Gilitukha; page 27: ©katesid; page 28-29: ©Natalia Moroz

Edición de: Madison Capitano
Diseño de la portada de: J.J. Giddings
Diseño de los interiores de: J.J. Giddings
Traducción al español: Santiago Ochoa
Edición en español: Base Tres

Library of Congress PCN Data

Ciudades subterráneas / Hailey Scragg
(Ocultas, perdidas y descubiertas)
ISBN 978-1-73165-959-0 (hard cover)
ISBN 978-1-73165-958-3 (soft cover)
ISBN 978-1-73165-960-6 (e-Book)
ISBN 978-1-73165-961-3 (e-Pub)
Library of Congress Control Number: 2024951880